엄마 난 잘 울어 그래서 잘 웃어

정선희 시집

상상인 시선 *052*

엄마 난
잘 울어
그래서 잘 웃어

시인의 말

목숨 수 글자를 들여다보니
빼곡하게 흐르는 물 수가 보였다

지나온 날들을 들여다보니
그 속을 흐르는 사람들이 보였다

그렇게 내 목숨을 적셔주고
시가 된 사람들이
그립다

차례

1부 태양과 칸나 사이

칸나는 칸나 걱정	19
새를 바라보는 서쪽의 시간	20
모두의 날씨	22
모형, 있으나 없고 없으므로 있는	24
어서 말을 해	26
바리데기, 여전히 바리데기	28
발과 벽	30
눈치 없이 핀 꽃	32
벚꽃 지듯 저문 달	34
한 알의 눈물이 넘쳐	36
숨은 말	38
질투를 어르는 얼레지	40
모르는 사람	42
저만치의 눈치	44

2부 춤에 가닿는 것

쓸데없음의 쓸모	49
하염없이	50
기묘한 천장天葬	52
샐비어가 녹기 전에	54
손바닥 안의 미로	56
장대가 있다	58
발신인 불명	60
요가 매트	62
여름으로 버린 애인	64
사랑무덤	66
연하의 남자	68
프레드릭	70
우르드바 다누라아사나	72
엄마 난 잘 울어 그래서 잘 웃어	73
쓸데없이	74

3부 붉은 휘파람 불듯이

길을 잃지 않는 봄	79
예지몽가 K	80
바깥이 있었다	82
A4 세계는 광활해	84
얼룩자주달개비의 기적	86
머그샷	88
내 심장이 내게서 너무 멀다	90
캣맘	92
출렁이는 눈동자를 주고	94
다시 켜는 밤	96
꼭꼭 숨어라 안부	98
ㅇ에 대하여	100
그런 이야기들이 있다	102
몸주머니	104

4부 오늘은 아무도 나를
       주워가지 않았으면 좋겠다

코이의 법칙	109
첫 번째 펭귄도 무섭다고 그리오	110
그녀의 각이 늘어난다	112
부드러운 징후	114
5분 전으로 접속	116
달변가 Y	118
식물이 되어가는 과정	120
빨강머리 앤과 삐삐의 동거	122
중첩된 이야기	124
나만의 리듬	125
낙서하는 사람	126
다시 엔젤트럼펫을 불자	128
손바닥 낙관	130
춤	132
공터 정원사	134

해설 _ 비움과 충만 : 고백을 통한 존재의 재구성   137
박동억(문학평론가)

1부

태양과 칸나 사이

칸나는 칸나 걱정

 조화 같은 꽃잎을 손톱으로 꾹 누르자 붉은 비명을 질렀지 좀처럼 지지 않는 칸나꽃이 지기만 기다렸어 칸나 때문일 거야 네가 서둘러 떠난 것은 지겨웠기 때문일까 뜨거운 태양의 지리멸렬, 태양과 칸나 사이의 계절이 너무 좁다고 했지 네가 붉은 옷 속에 그늘을 감추고 다녔다는 소식, 눈물은 나지 않아 상처를 꾹 누른 것처럼 머릿속이 하얘진 채 우리는 아무도 모르는 열정을 살았으니까 내가 여기를 떠나야 태양이 질 텐데, 그래야 칸나가 뜨거워질 텐데

새를 바라보는 서쪽의 시간

한 몸짓이 생의 단면에
부딪히고 있다

유리벽에 무성한 나무 그림자와
쏟아지는 햇빛 사이로
날마다 찾아오는 새의 콩트르주르

작은 나뭇가지에 앉아 유리벽을 쪼며
창에 엉기는 햇살 서랍에 비밀을 기록하고 있다

캄차카와 아무르를 지나
새는 유리의 강을 건넌다
새가, 나를 닮은 새가
바람과 일렁이며 구름 따라 간다

투명하고 단단한 경계
새는 끝내 유리창을 이해하지 못하고 떠날 것이다

추운 곳에서 추운 곳으로 향하는
새들의 이동 경로를 이해할 순 없지만

해가 천천히 서쪽을 향해 돌아설 때
새의 행로가 경계를 넘어
죽음을 벗어난 세계로 이어지기를 바라본다

모두의 날씨

그 개는 사나워 길들이기 쉽지 않았다
말을 듣지 않았으며 주인의 물건을 이빨로 물어뜯었다

조련사는 마주 앉아 개의 눈동자를 주시한다
앉아!

붉은 눈빛이 목줄을 바짝 잡아당긴다
버틸수록 더 강하게 압박하며

조련사는 개의 눈을 응시한다
개도 피하지 않는다

목줄을 잡고 앉으라고 다그치면
크릉, 물어버릴 거야

야생을 드러내자 조련사가 숨통을 조이듯 목줄을 잡아챈다
당황한 듯 떨리는 눈동자
이빨이 순해진다

⟨

비겁한 본능이 핏속에 흘러, 손을 내밀면 앞발을 내주었다 손짓에 따라 몸을 굴리며 던져주는 간식을 맛있게 먹어주었다 하나둘 관중들이 눈물을 흘리며 손뼉을 쳤다

안도의 숨을 내쉬며 채널을 돌렸다
오늘의 날씨와 일정한 지구의 자전이 순행하는 내용이었다

모형, 있으나 없고 없으므로 있는

책장 위에 모형 비행기를 두었다
겨우 새끼손가락만 했다

별게 아니라고 생각했는데, 세상에

비행기는 굉음을 내며
자라투스트라는 이렇게 말했다에 착륙했고

바람도 없는데 시스루 커튼이 술렁였다
햇빛파도가 하얗게 유리창을 쓸어내린다

달항아리의 매화나무 눈이
항아리 속의 검은 고요를 휘젓는다
꽃잎에 생채기를 낸 초승달을
해먹에 눕혀 그 곁에 함께할 수 있다면

종횡무진, 나도 빈방에서 이착륙을 반복하고 있다

어떤 날은 간디를 찾아갔는데
서랍에 갇히고

잊고 있던 책의 갈피가 되기도 한다

작은 모형 비행기를 내던졌다
고요가 우주 속으로 물수제비를 뜨면서 날아간다

새끼손가락만 한 모형 비행기가
은하계를 빠져나간다

내가 없으면 세계라는 말조차 없다, 신도
없다

어서 말을 해
- 팬텀싱어 김광진

휙, 그가 넥타이를 풀었다
그래야 숨을 쉴 수 있다는 듯

어서 말을 해 어서 말을 해 어서
김광진이 노래한다
자신의 목을 움켜쥐고
흔든다, 기필코 숨겨 둔 말을 토해내라 아우성을 친다

봉인해 두었던 그의 고삐가 풀리고

낯익은 어머니
그를 외면한 채
대문 칸에 뒤돌아 서 있다
노래가 밥 먹여주니? 꼬박꼬박 봉투 받는 월급쟁이가 안전하지 다들 그렇게 살아

그가 달아난다 최고의 속도로
꿈으로부터 도망가는 길인데, 다시 꿈
어서 가자 말을 채찍질했는데

그의 몸에 새겨지는 붉은 자국들

유리병에 돌멩이 대신 꿈을 하나둘

어서 말을 해 어서 말을 해
유리병이 바다에 닿았다 그토록 부르고 싶었던 노래
파도를 탄다 휙,
넥타이를 풀어 던진 오늘이 순간

바리데기, 여전히 바리데기

한 마리 새가 날아와 앉았다 파르르 손끝이 떨렸다

손 한번 잡아준 적 없다고 울먹였다 너는 할 만큼 했어 옆에 있어 드렸잖니 엄마한테 듣고 싶은 말을 누군가 대신해주었다

엄마는 누구의 엄마였나요 왜 나는 기억하지 않았나요 돈은 아들들한테 다 물어다 주고 병든 몸을 이끌고 찾아든 새, 어딜 보느라 엄마는 나를 볼 수 없었나요

나는 늘 맴돌았다 엄마의 포근한 소용돌이에 한 번이라도 젖어 들어 휘감기고 싶었다

괜히 나를 낳았다고 했다 실수도 어쩌다가도 아니고 정말 싫었던 괜히라는 말 어느 날 괜히 버려질 것 같은 아이 어느 날이 언제인지 몰라 괜히만 키웠던 눈치의 날들

엄마가 죽기 전에 꼭 물어봐야 한다
왜 나를 주워 온 아이 취급했나요

〈
나를 버린 엄마와 나를 주워 온 아이처럼 키운 엄마
울고 울도록 버리고 버려둔 엄마

엄마 일어나 눈을 떠 장난하지 말고, 한바탕 싸우기라도 해야 속이 시원할 것 같은데
손이 차가웠다 나를 떠밀던 온기는 어디 갔을까

새처럼 떨고 있는데, 괜찮아
괜찮아, 한 마디가 날아오른다

발과 벽

슬며시 발을 떼어 본다 뭐 하시는 거예요?

오로지 벽뿐이었다 기댄 발을 떼면 큰일이라서, 거꾸로 서기도 힘든데 벽마저 없으면 내동댕이쳐질 것 같아서, 절대 발을 떼면 안 돼, 허공에서 믿을 건 벽뿐이었던 시간들

어느 순간 발은 살짝 허공을 디뎌보았을 것이다 한쪽 발만 떼었다가 두 발을 다 떼어보았을 것이다 순간 쿵, 바닥으로 나뒹구는 몸 창피해서 아프지 않았다 두 번 세 번, 아프지도 않고 창피하지도 않게 될 때까지

이젠 아무 때나 나무가 된다 벽과 무관한 몸으로 머리는 뿌리가 되고 다리는 가지가 된다 시간도 거꾸로 서서 함께 간다 바람도 없는데 잔가지들이 미세하게 떨리는 봄이 몸에 들어왔다

인간의 몸은 무한히 열려 있어요 몸을 생각 속에 가두지 말아요, 요가 선생은 말했지만 그때마다 픽, 속웃음이 나왔다 젊으니 하는 말이지, 자, 쉬운 동작부터

합니다 안 된다 하면 영원히 안 되는 거예요 벼랑 끝에 선 염소처럼 고집을 부렸던 나,

 살면서 뺄 게 참 많다는 생각이 벽을 밀어내며 슬쩍 반 발짝 더 허공을 딛는다 다른 세상이 밟힌다

눈치 없이 핀 꽃

엄마는 금기어였다

금기어를 키우지 못해서
머리카락을 쓸어 넘기던 그녀의 손이 목련 비늘처럼 떨어졌다

새는 남쪽 나라에서 아직 돌아오지 않았는데

목에 걸린 가시를 밥과 함께 꿀꺽
거절은 아무나 할 수 있는 게 아니었다

울지 않는 아이의 눈꼬리는 길다
한글보다 눈치를 더 빨리 깨친다

엄마 없는 표시를 내지 않으려고
잘 숨기고 들키지 않는 법을 배웠다

오랫동안 무언가 목에 걸려
물을 마시고 기침을 해도 내려가지 않는다
말을 할 때마다 캑캑거렸다

〈
의사가 매핵기라고 해서
잔기침을 쏟았다
삼켜지지 않는 말들을 울대에 붙인 채 살고 있나요?

매화꽃 지면 탐스런 매실과 함께
엄마라는 시큼한 금기어도 주렁주렁하다

벚꽃 지듯 저문 달

해가 뜨면 작아지는 그림자처럼
천 개의 눈을 가져도 바로 볼 수 없게 하는 질투

해가 지면 비로소 달 속으로 들어가 꽃이 되는

치매에 반신불수인 어머니를 모신다고 그녀가 말했을 때
꽃잎을 적시는 빗방울 소리가 들렸다

절대 이길 수 없겠구나
달보다 예쁜 그녀
두 손 두 발 다 들고
그녀를 응원해야 할까

하루 25시간 수발을 든다는
기저귀를 갈며 자신마저 갈았을 것 같은 그녀
다섯 아이를 키우는 동안 엄마가 한 일을 생각하면
미안한 마음이 든다고 했다

그건 죽은 나무가 꽃을 피우는 일

〈
엄마가 생불이더라 엄마가 생불이더라
주문을 외운다는 그녀

벚꽃 천지 봄밤이었다
주르륵 눈물이 쏟아졌고
백기를 떨어뜨리듯 벚꽃이 졌다

한 알의 눈물이 넘쳐

비워낸다 조금씩, 수위를 넘은 울음통

누가 울면 따라 운다 무조건 반사처럼
울음은 나를 적시는 스위치
웃음보다 울음이 전이가 잘 되는 까닭은 물의 속성을 가져서다

운다, 어릴 적 못다 운 울음을
불러 운다, 흐르지 못한 울음
나머지까지 다 울어야 하는데

막힌 울음은 우울이 되고 귓속으로 차오르고 무릎을 흥건하게 하다 온몸을 떠돌아 병이 된다

울음문이 활짝 열렸던 날들
막차에서도 내리지 않았던 엄마
매연이 남긴 어둠과 함께 날마다 더 늦어지는 엄마를 기다리느라
골목이 저물고 어린 그림자가 지워졌다
〈

예감은 비껴가는 법이 없고
눈물을 알약처럼 삼킨다

사진 속 엄마는 왜 그날의 나를 지나쳐 갔는지
여전히 웃고 있어 묻지 못한다

충분히 다 울었다고, 그러니까
이제 흘리는 눈물이 있다면 가짜
서럽게 우는 대신 기울여 비워낸다

숨은 말

혼자 식당으로 가라고
2인분을 혼자 먹으라고
구석에게조차 들키지 말라고 했다

맞은 편 사람들에게 나를 힐끗거리라고 했다
넓은 구석으로 숨어든 내가
무슨 반찬을 먹는지
혼자 먹는 밥 한 끼가
얼마나 막막한지
자유롭게 숨어서 지켜보라고 했다
피할 수 없는 눈빛 따위는 견디라고 했다

다시 편입한 대학
학생들은 계절에 상관없이 서너 명씩 무리 지어 다녔다

혼자 강의를 들으라고
혼자 밥을 먹고 혼자 집으로 가라고

나는 내게 말했다 첫눈이 내리는 날에는

나를 데리고 버스를 타고 종점까지 갔다 왔다
몰래 사랑하고 혼자 이별하는 동안
나는 어디까지가 나인지를 몰랐다

부유물처럼
어두운 길에 혼자 세워두었다
오래도록 나를 훔쳐보는 내가 전부였다

질투를 어르는 얼레지

홀린 듯 보았다

빨래집게를 물려 놓은 듯 땅에 낮게
감히 날개를 하늘로 치키고
지붕을 사뿐 들어 올릴 것처럼 있다

내가 모를 때는 없었던 꽃
이름을 호명하자 보이는 꽃
한 송이만으로도 벅찬데 무더기로 피어 있다

부소암까지 그녀를 업고 왔다고 했다
심장이 약한 그녀가 오르고 싶어 하던 금산을
동기 몇이 들것으로 나르다 결국
키 크고 넓은 역삼각형 등을 가진 그가 업고 왔다

심장은 얼마나 두근거렸을까
등의 날갯죽지도 간지러웠겠지
그녀를 미워할 수 없어서
너무 일찍 저세상으로 가버린 그 사람
〈

옮겨 심으면 죽는다는 꽃
2년째 잎 하나, 3년째 잎 둘, 그렇게 6년을 지내고
7년째 꽃을 피운다고 한다
지금까지 꽃을 볼 수 없는 이유

그녀의 꽃말과
얼레지 군락을 하염없이 바라보는 내 꽃말은
질투

모르는 사람

이사를 온 후
강 건너 사는 사람들과 이웃이 됐다

처음부터 다시 시작하는 일기장

강 저쪽에 과거를 두고 온 이 낯선 자유가
낯설어 편했다

안부를 물어주지 않았고, 누구도
오늘의 침울에 대해 궁금해하지 않았다
아무것도 대답할 일이 없어 좋았다

심심하면 강물을 따라 걸었다 끊임없이 흘러와 지나쳐 가는 강물

소식을 끊으면 이젠 기다려 줄 때
먼 곳에서 돌아올 사람이 그런 식

아는 사람을 만들지 않으려
얼굴을 기억하지 않으려 벼랑에 집을 지었다

〈
 표정을 지우면 모르는 사람이 된다
 무표정으로 물건값을 치르고 앵무새처럼 말하는 연습을 한다

 많은 것을 두고 왔다는 말은
 강물이 사람들을 잡아두지 않는 일과 같았으리라
 이 하루

저만치의 눈치

제대로 걸려든 느낌이야

왜 눈치를 보는지 묻는 사람의
눈치를 보고 있거든

눈치를 보는 동안은
비린내가 진동해 난 혼자가 되고
날카로운 통증이 심장을 뚫고 지나지

눈치는 상대에 대한 재빠른 배려

내가 가자미눈이 된 것도
뒤꼭지에 눈이 하나 더 생긴 것도
끔찍해, 이러다 정말 물고기가 되는 건 아닌지

먼저 웃으며 인사하고
사람 사이를 즐겁게 헤엄치다가
얼굴도 모르는 그에게 느끼는
바다의 바닥
빛이 차단된 펄에 처박히는 기분

〈
캔 뚜껑을 따면 그 안에
눈이 한쪽으로 쏠린 내가 토막 나 있을 것 같아

끝까지
뜨지도 감지도 않은 눈을
바닥의 바닥에 대고
정조준하는 눈치

2부

춤에 가닿는 것

쓸데없음의 쓸모

리히텐슈타인에서 돌아온 친구가 불쑥 무언가를 내민다 뭐야? 모르겠어 햇빛에 반짝이는 게 예쁘잖아 너 주려고, 성당 유리창의 빛을 모아 만든 거야

한쪽 끝이 날카로운 브로치, 쓸모를 위해 만든 물건은 아니었다 머리에 꽂았다가 무거워서 내려놓았다 나풀거리는 블라우스에 달아도 툭 떨어져 버렸다 꼭 쓸모가 있어야 하는 건 아니잖아?

내게 딱인 선물이다 쓸데없는 일만 한다고 늘 핀잔을 들으며 살았다 제대로 주인을 찾아왔구나 물건의 쓸모를 찾아주는 것도 내 일이란 생각이 들었다 이해할 수 없는 것을 이해하려는 몰두, 오늘의 쓸모가 된다

하염없이

달항아리 옆에서 나도 부풀어 올랐다

비어 있어야
완성이 되는 그릇

매끈하지 않아서
마음 붙일 거칠거칠한 데가 있다

아직 부서지지 않은 내가
보름달 속에 있었다
금 간 부분조차 감쪽같아서
손끝으로 더듬지 않으면 모른다

들숨으로 공기를 가득 채운
둥근 것은 불안하지 않아
상처조차 동심원을 그리지

보는 것만으로도 안심이 된다
눈에 보이는 것은 상처가 아니다
〈

가만히 있는 것으로
구석을 완성하는
저 하염없는 둥글기

나의 온종일을 하염없이 만들기에
딱 어울리는 달항아리

충분하다 하고 싶은 게 많은 내 곁에
그렇게 있어 주는 것만으로도,

기묘한 천장 天葬

미술관 앞 커피집

천장에
아주 커다란 나무뿌리가 샹들리에로 꾸며져
벌이라도 받는 순교자처럼 매달려 있다

뿌리가 저 정도면 몸통은 얼마나 신병을 앓았을까
무엇이든 오래되면 영물이 된다는데
조상들은 큰 나무를 지날 때 돌 세 개를 얹곤 했다는데
세 번 절을 하고, 세 번 침을 뱉었다는데

우리 엄마도, 동생도 일찍 데려가더니
이젠 안 돼요 더 이상 안 돼요 저것 좀 내려주세요
나는 참지 못하고 비명을 질렀다

내 말을 단칼에 잘랐다 저 귀한 걸 다느라 포크레인도 동원하고 얼마나 많은 돈이 들었는데 말도 안 돼요 주인은 하나만 알고 둘은 알지 못했다
〈

왜 창가의 식물들이 죽어가고 빈자리가 늘어만 가는지
 땅속에 모셔두고 술을 올려도 모자랄 판인데
 천장에 매달아 놓고 장사가 잘되기를 바란다

 모든 것을 체념한 듯 가부좌를 튼 천장의 나무뿌리
 얹힌 듯 정수리가 무겁다

샐비어가 녹기 전에

 사양할게, 죠스바를 먹으면 그녀가 생각나니까, 처음 군대 면회 오던 날의 새빨간 입술, 쥐 잡아먹은 고양이 같아 그녀는 샐쭉하게 눈을 흘기고 샐비어꽃 뒤꽁무니를 쪽쪽 빨아 먹었지 하나도 남김없이, 탈색된 겨울 입구에 선 샐비어, 딱 그랬지 붉은색 뒤에 기다리고 있는 빛깔 검정에 가까운 보라까지 먹어 치우려다가 입술을 훔쳤어도 좋을

 아무리 해도 지워지지 않는 이쪽보다 검은, 저쪽에 가까운

 없는 번호입니다, 말년 휴가를 나왔지만 그녀는 연락이 닿지 않았어 미친 듯 붉은 샐비어 입술을 찾아 거리를 헤맸지 여름이 되기 전에 죽었대 새빨갛게 루즈를 발라 관에 넣어 달라 했대 복학을 한 뒤에 들은 그녀 소식들 고맙다는 말을 전해 달랬어 만남의 뒤안길 같던 지리산 천왕봉과 남해의 뜨거운 파도를 안겨줬다고, 참 따뜻했던 등과 머릿내까지도,

 검붉은 바다의 속살이 샐비어를 가득 피우면 나는

그녀의 쓸쓸한 날들을 데리고 해변 슈퍼로 가서 철 지난 죠스바를 살까 해, 한 입 먹어 봐 노을이 녹는 동안만 그리워할게

손바닥 안의 미로

그는 한쪽 벽면을 미로로 만들었다

햇빛을 되받아 반짝이는 조개껍질은
곧 밤하늘에 심은 조약돌로 바뀐다

벽 앞에선 몸을 웅크리게 된다
손이라도 스쳐 우주가 흩어져버릴까 봐

엄마의 이사는 자개농이 전부였다
집에서 제일 값나가는 혼수품
오래전 당신이 꿈꾸던 우주였을지도 모를

가끔 학이 날아오를 때도 있다
농 밖으로 날아갈까 소나무 가지가 부러질까
조바심으로 엄마가 움켜쥐던 것들

억지로 붙잡아 놓은 우주
성운 사이로 언제 달아날지 모르는 학의 날갯짓

어떤 아교로도 잡아둘 수 없다

자개농을 바라보는 엄마의 시간이 흐려진다
주름을 열어보면 젊은 날을 아교로 녹이는 엄마

별 한 조각이 떨어진다
하루도 편한 날이 없는
엄마의 금 간 집 무늬를 다시 맞출 때면

대문을 밀고 우주를 떠돌던 자식들이 들어온다
엄마의 가슴은 미로
자개농으로 이어져 반짝임이 가득하다

장대가 있다

아파트 공터 옆

긴 장대가 누워 있다 저 기다란, 나와 안면이 있다

마당 한가운데 서서 하늘 높이를 조절하던

균형을 잡아 하늘 한쪽을 받치면 마당이 기울어지는

장대의 저 자세는 우리 집 감나무에게서 배운 것

내 마음이 옆집 석류나무 쪽으로 기운 것을 알아서

볼록하게 홍시로 채우고 싶었던 그 아이 볼을 다 보아서

그때마다 엄마는

구름을 타고 앉은 내 머리채를 잡아당기곤 했지만

장대가 하늘을 치켜올리면 멍든 엄마도 없고

〈

　손이 밤도깨비 같은 아버지도 내 눈이 셋이래도 부족할 동생도 없고

　그래, 인제 허공도 쉴 때가 되었지

　뒷방 늙은이 같은 버려진 장대 끝

　빈둥대는 추억을 손잡아 끈다

　하늘이 텅 빈다

발신인 불명

택배가 왔다
영어로 된 포장지에 싸여
먼 곳에서 온 선물이거니

뜯어보고 동물 사료인 것을 알았다
눈을 흘기고 있는
CAT이란 단어가 갈색 발톱을 곤추고 있다
잘못 보낸 것 아닐까
수신인은 분명 내 이름

알 수 없는 K로부터 내게

고양이 데려온 사람을 내쫓은 적이 있다
길냥이 밥 주는 사람에게 눈살을 찌푸린 적도,
밤 산책에 고양이를 마주치면 소스라치곤 한다

고양이를 홀대하던 날들을 되묻는 걸까

버릴 수도
그렇다고 다시 돌려보낼 수도 없는

사료 포장지에 웅크린 고양이 한 마리의 불안

나를 지켜보고 있을지도 모를
좁은 골목길이 길고 아득해진다

사방이 고양이의 울음을 쓰다듬고 있다

요가 매트

퀵, 퀵, 급류의 흐름을 타는 몸
슬로우 슬로우 물속에 들 듯 호흡을 다잡는다

굳어가는 것은 서서히 죽어가는 겁니다

요가학원에 등록했다
매트가 내 인생의 축소판이라고 했다
여기서 안 되는 건 저기서도 안 됩니다
남과 비교하지 마세요 자신이 할 수 있는 것만 하세요

못하는 사람은 아직 가능성이 있는 사람

빨강 신호등을 만나면 벽 앞에 서는 기분이다
자신을 한정 짓지 마세요
조금 더, 조금만 더 나아가 보세요

멈추는 게 쉽지 않았다
마음을 조이는 것보다 풀어놓는 게 더 어려웠다
〈

좀 쉬었다 가는 건 어때

솟아 있는 목과 어깨에
앉을 자리를 내어준다 마디마디 나사를 조였다 푼다
들숨과 날숨을 세며 날개를 펼친다

네모난 양탄자를 타고
남태평양 어디쯤
지도에도 없는 섬을 찾아 방향을 잡았다

나는 나를 찾아 날기 시작했다

여름으로 버린 애인

짐승의 아가리처럼 어둠을 씹고 있다
악양 언덕배기에 자리한 그의 옛집
이끼 낀 낡은 기와, 문이 없는 부엌
소죽을 끓이던 아래채는 간신히 서까래를 버티고
마지막 팔려 가던 어미 소 울음이 들렸다
검댕이 불내를 뿜으며 쓰러져가는 집을 받치고 있다

집 옆 계곡에 앉아 그가 손을 씻었다
여기에 수박을 담가놓고 상추며 오이를 씻던
여름이 너무 좋았어요
손을 좀 보면 멋진 별장이 되겠는데요
아무도 안 오려고 해요
여름이 가기 전 팔아버렸어요
지긋지긋한 가난의 기억까지 얹어서

그를 두고 왔다
지난한 시간들이 팔려버린 그곳은
물그림자 속 여름을 가두고 있다

나는 애인과 애인의 여름을 버리러

악양 언덕을 오른다
층층이 계곡물로 숨어 흐르는
애인의 기억이 쓸려간다

사랑무덤

손짓보다 계곡물이 먼저 건너간 곳에
커다란 나무가 벗은 한여름을 모아
누군가 낙엽하트를 만들어 놓았다
버석한 사랑 속으로
어른 두셋 풍덩 뛰어들 수 있는 큰 하트를

참 부지런한 사람도 다 있군
무심코 중얼거리는데
사랑의 장례를 치른 거라며
너는 사랑무덤이라고 했다
지나간 사랑을 낙엽으로 덮으면
타올랐던 온도를 다독일 수 있으려나

들여다본 네 눈 속에도
사랑이 지고 있었다
한여름 속에 함께 누웠던
네가 나를 두고 걸어 들어가
사랑무덤에 홀로 눕는다
바람이 흩어버리는 너와
너를 바라보는 나를 기억하기 위해

사진을 찍듯
천천히 눈을 감았다 뜬다

연하의 남자

초밥 속에 숨은 겨자처럼
한 박자 늦게
그의 노래는 눈물샘을 자극했다

딱 한 번 봤을 뿐인데
만화 속 주인공과 겹쳐지는 남자

흰자위에 고인 눈물이 흘러내릴까
달빛에 적신 모시수건을 준비한다

시한부 인생을 사는 엄마의 그늘을 위해
기억의 향기를 지핀다

사연에 넘어가면 안 돼
나는 나를 조심시켰지만,

눈물을 타고 흘러 20년 전으로

누나가 너무 빨리 시집가는 바람에
그의 삶은 엉켜버렸다고 한다

〈
얼음에 숨구멍을 내고 노래를 불렀다는 그는
오이를 한입 베어 문 것처럼
아삭한 목소리를 가졌다

노래를 부르는데 입안에 침이 가득 고였다

이 세상 마지막 무대라고 생각한 연하의 남자
꼬일 대로 꼬여버린 인생을
진성으로 풀어내고 있다
꿈이 거기 닿을 때까지

더불어 가장 높은 옥타브로 날아가는 나의 짝사랑

프레드릭

커다란 박스를 연다

달랑 그림책 한 권
공기를 채운 비닐이 앞뒤로 책을 꽉 끌어안고 있다

그림책도 안아줘야 하는구나

강력한 스매싱 한 방을 맞은 듯
피싱 사기를 당하고
자존감이 바닥인 내게

엄마처럼 살지 않겠다고
책만 읽어 세상에 어두운 거라는 자식들

거실에서 베란다로
책들이 밀려난다 내 말도
이젠 설득력을 가지지 못한다

책이 있던 자리
대형 스크린이 승자로 남아 생생한 입체감을 자랑한다

다르게 살아야 한다고
나를 다그치며 주식이나 부동산을 공부한다

거미줄에 걸린 나방처럼
시마저 아무짝에도 쓸모없다고 생각할 때
도착한 그림책 한 권

프레드릭이 나를 흔든다 친구들이 양식을 구할 때
색을 저장하고 이야기를 모아 겨울을 준비한다
울고 있는 내 등을 토닥인다
세상에 쓸모없는 건 없어
맞아, 거미줄에 걸린 나방은 아직 죽은 게 아냐

프레드릭, 나를 안아주는 아이

우르드바 다누라아사나

　그녀는 나를 시험한다 얼마나 버틸 수 있는지, 여덟아홉, 좀 더! 버텨요 보통 열까지 세면 끝인데, 그대로 잠시 머무르세요, 그땐 욕지기가 튀어나올 것 같다 도대체 내게 왜? 그녀는 늘 그 이상을 요구한다 나는 나를 테스트 하는 기분이 된다 어디까지 버틸 수 있는지 볼까요? 조종당하는 기분이다 목표를 앞두고 절망에 빠지는 나를 얼마나 쥐어짜는지, 구름이 비가 되어 내린다

　그녀에게 질세라, *우르드바 다누라아사나*˚, 사는 게 이보다 힘들다면 그만해도 됩니다 팔이 후들거리고 다리가 덜덜 떨리는데 무심히 말하는 그녀, 몸통을 들어 등 쪽으로 휜 아치형 다리를 만들며 그녀에게 대든다 버티세요! 그녀는 무조건적이다 투덜거리면서도 시키는 대로 하는 나에게 작용과 반작용이 무용해진다 그녀는 사람을 잘 안다 한계를 뛰어넘을 때의 쾌감이 불만을 잠재운다는 것을, 제대로 길들여지고 있다 그녀에게, 나도 모르게 흠뻑,

˚ 한 발을 들어 위로 향한 활자세.

엄마 난 잘 울어 그래서 잘 웃어

엄마가 손짓을 했다 그쪽으로 가지 마라
뒷걸음질 치면서 기어이 산신각 문을 열고 들어갔다
엄마는 울고 있었다, 꿈에서

깨어나니 베개가 흥건했다
엄마는 어디로 갔을까
꿈속에서 울고 있던 엄마와 풀지 못한 숙제가 있었다

엄마는 항암치료를 안 하고 싶다고, 못 들은 척했어. 항암치료를 해야 서울에 쭉 계실 테니까. 그래야 오빠 집에 있을 거니까. 아들바라기 한 엄마니까 오빠가 모시는 게 당연해. 그게 엄마가 받을 벌이야.

벌을 다 받기도 전에 죽어버린 엄마
너무 빨리 꿈속으로 건너갔다
내가 벌을 주지만 않았어도

나는 자주 눈물을 훔치며 꿈속을 다녀온다

쓸데없이

여기는 경상남도 진주시 뉴욕
70 넘어 그녀는 영어 공부를 시작했다
라이스 룸 윈도우 애플 테이블 체어 펌킨 도어 카렌다
눈에 보이는 모든 것을 영어로 써 붙여 놓았다

모닝이 되면 윈도우를 열고 환기를 시켰다
종이조각들이 필기체로 흔들렸다
영어책을 옆구리에 꼭 끼고 마켓에 간다
동사무소에 간다 공원으로 가서 벤치에 앉는다

어쩌다 손자들이 오면 할머니는 손자 앞에서 자랑했다
롸이스 할머니가 선창을 하면
롸이스 손자가 혀를 굴리며 후창을 했다
인터넷 이널넽 라디오 뤠이리오우 모델 마를 노크

한창 영어공부에 재미를 붙이고 있는 할머니
동네 사람들은 미국에 가서 살 것도 아닌데
무슨 미국말을 배우냐며 쓸데없는 일이라 했다

〈
미쿡? 할머니는 장난스레 웃었다
할머니는 미쿡 말이 적힌 노트를 꼭 쥐었다
바람이 불 때마다 타르초처럼 종이가 나풀거렸다

쓸데없는 일이 할머니를 하루 종일
쓸 데 있게 하는 줄도 모른다며
염주처럼 미쿡말을 돌리며 동네를 천천히 걸었다

3부

붉은 휘파람 불듯이

길을 잃지 않는 봄

 우연히 첫사랑을 만난다거나 집 앞에서 옛 애인이 기다린다거나
 부자가 된 동창이 오래전 못다 한 사랑을 고백한다거나

 만우절에 일어날 법한 사건은 잊기로 했다

 여고시절 나와 편지를 주고받던 직업군인이, 30년 전의 소녀를 찾아왔다 꽃도 없는데 온몸에 향기가 날 듯했는데, 내 친구를 좋아했다는 그의 고백. 노처녀에 백의의 천사인 내 친구는 유리성에 갇힌 공주 같았다 잡을 수 없는 대상은 감정에 날개를 달아주는 법, 미모도 몸매도 갖춘 그녀로 인해 추억까지 나를 배반하는 것 같았다 드라마틱한 날이네 입꼬리를 억지로 올리고 있었지만, 차라리 그가 나타나지 않았으면 좋았을 텐데

 마지막까지 잃고 싶지 않은 것도 있다
 봄이 어쩌다 오지 않았으면 좋겠다

예지몽가 K

이른 아침 K의 전화
오늘은 조심하라 한다

넘어진 나
그것도 남이 버린 바나나껍질을 밟고

남의 잘못을 뒤집어쓸 수 있으니
사람도 조심하라고 했다

무엇을 조심할까요?

미끈거리는 것을 경계하라는 오늘의 주술

만나는 사람마다
이 사람이 아닐까, 의심의 눈초리를 해 본다

조심조심 별일 없이 하루가 지나갔다
괜히 억울한 생각이 들었다

모르기 때문에 꿈을 꾸고

꿈에 걸려 넘어지기도 하는 게 생인데
나는 잠자듯 사는 K가 걱정되었다

남의 꿈까지 꾸려면 피곤하지 않아?
오늘부터는 너의 잠을 자

바깥이 있었다

한 평 남짓 쇠창살 안이 전부
밖으로 나간다는 것은
벼랑으로 한 발짝 내딛는 일

여자가 구원의 손길을 내밀었다
넓은 마당을 내어주고 싶다고 했다

태어나 10년을 보낸 쇳물 떨어지는 곳이 고향이라니
개를 자유롭게 해주는 일이 자신을 자유롭게 하는
일이라고 말했다

통조림 속에 구겨 넣은 그의 마음이 활짝 펴질 때
까지
여자는 오래 기다릴 줄 알았다

어둠이 익숙한 눈에는 햇빛도 공포가 된다

사육사는 개를 강제로 이동 박스에 넣어 차에 실었다
개의 기분이나 주변 상황을 택배 물건처럼 옮기는 그
망설임은 없다

〈
개는 오랫동안 쇠목줄을 견디며
더러움에 익숙해졌을 것이고 묶인 줄 너머를
발톱으로 버텼을 것이다

하늘이 마당으로 내려앉은 첫날
불편한 하늘을 보며 컹컹 짖었다
큼큼한 흙에 발을 딛고도 허공을 엿보았다

공중에 떠서 보낸 세월 때문일까
바깥은 도무지 안으로 들어올 줄 몰랐다

A4 세계는 광활해

어젯밤이 노트 뒷장에 음각으로 남아 있다
어제에 머물고 있는 노트 따위
구석으로 밀어낸다

아침은 A4용지다
첫 문장이 나를 끌고 간다 라디오에서 들리는 음악 소리와 복도에서 들리는 발자국 소리와 창밖에서 들리는 매미 소리가 뒤섞여 문장이 되어 걸어간다. 나는 아무도 가지 않은 길을 걸어온 자의 고단한 손가락이다
구름 위를 보기 위해 눈빛은 아득해진다

    하얀 썰물처럼 복사기 속으로 빨려 들어간다
    물이 들기를 기다리며
    길을 잃기도 약속에 늦기도
    집 가는 버스를 놓치기도 한다

A4 종이에 블랙홀이 있다
막막한 것들과 은밀한 연대를 한다
태초의 빛이기도 하고 혼돈의 시작이기도 한
환한 지평

〈
또 오늘을 어디로 끌고 갈 것인가

얼룩자주달개비의 기적

난데없이 꽃을 피웠다
봄추위에 얼어 누렇게 변한 잎
햇볕에 내놓고 살기를 바랐는데,

친구들이 대학을 가고 취직을 하는 동안
왕따를 당해 고2 때 자퇴를 한 아이

우울을 지병처럼 앓으며
몇 년을 번데기처럼 웅크렸다가
세상 밖으로 발을 내밀었다

꼭 할 말 있어요
죽기 전에, 붉은 휘파람 불듯이

아프게 웃는 내 자식이
운전면허증을 따고 편의점 아르바이트를 했다
착한김밥에서 같이 밥을 먹었다

매화가 목련이 한창이지만
오로지 나는 꽃 한 송이에 골몰하고 있다

〈
새로 자라난 발톱처럼
아직 눈물이 얼룩져 있었다

시들어가던 얼룩자주달개비가
꽃을 피운, 눈부시게 환한 세상이었다

머그샷

사무실 하얀 벽을 배경으로
식물들이 머그샷을 찍고 있다
스투키 스킨답서스 호야 해피트리 산세베리아

오늘을 잘 죽이시네요

한때 주머니를 탈탈 털어 샀던 향기
노랗게 마른 국화를 쓰레기봉투에 몰래 유기하려다
찰칵
마침 길 가는 행인과 눈이 딱 마주쳤다

죽어가는 것들은 집 안에 두는 게 아냐
시든다고 느끼는 순간
거꾸로 세워 죽였다

그 뒤로도 붉게 마른 장미와
라벤더와 빈티지 수국을
아무도 몰래 유기하곤 했다

버리는 일이 죽이는 것보다 어려웠다

흙 부스러기들이 약간의 죄책감처럼 남았다

내 심장이 내게서 너무 멀다

한동안 곶감은 못 먹을 것 같다

얼었다 녹기를 반복하며
물기가 빠져나가는 것을 즐겼다, 서서히

피싱 사기로 돈을, 사람을 잃었다 구석을 찾아들던 아들은 오도카니 세상에서 멀어지고 난 떨어졌다 조용히 아들은 울고 있었다 병원에서는 연일 조직검사를 받으라고 전화가 왔다

몇 번의 쓰나미가 내 몸을 지나갔다
휘청, 하늘을 쳐다보다가 세상을 흘기다가, 아예 누워 있기로 했다

힘껏 활시위를 당겼다가 내가 숨은 구석으로 정확히
다급한 불협화음을 이루며 날아들었다

잘 모르는 세계에 덜미를 잡힌
내 몸을 관통한 꼬챙이
〈

말라가는 곶감이 하얀 분을 쓰고
견디고 있다

캣맘

엄마 여깄어 엄마 여깄어

상자를 열고
먹이 대신 자신의 얼굴을 넣어준다

한때 버려졌던 새끼고양이
고양이가 울면 그녀가 울음을 멈추었다
얼굴을 확인하고 빛 속으로 숨는 고양이

한숨도 못 잤어요
애를 두고 밖에 나갈 수가 없어요
어떻게 애기를 버려요?
다시는 버림받고 싶지 않아요 버림받게 두지 않을 거예요

엄마 어디 있어 엄마 어디 있어

아무 때나 우는 고양이와
버림받은 기억을 안고 사는 그녀
〈

버려졌던 물건들이 다시 집안에 쌓인다

엄마는 왜 나를 버렸을까
엄마는 어디쯤에서 나를 잊었을까

고양이 울음이
낡은 벽지를 죽 잡아당긴다
무늬 하나가 툭 떨어졌다
발톱을 감추고
서로의 찢어진 무늬가 된다

출렁이는 눈동자를 주고

마지막이라고 생각할 때 단풍이 든다

달마산 도솔암이 그랬고
지리산 상무주암이 그랬고
무등산 주상절리가 그랬다

다시 볼 수 있을까
해마다 보는 단풍인데, 그는

너무 아름다운 것 앞에서는 울고 싶다고 했다
떨어지는 낙엽을 주워 담은
눈을 깜박일 때마다 붉은 물이 출렁거렸다

그가 내게 주고 간 눈동자
단풍이 들어 더 붉은,

마지막이라고 생각할 때마다
단풍이, 구름의 한쪽 모서리가 접혔다

다시 볼 수 있을까

눈을 깜박일 때마다
공중을 가로질러 드는 저 붉음

다시 켜는 밤

숙제를 다 했다고 생각했다

괜찮을 거야, 아버지만 없어지면
아버지는 밑 빠진 독이어서
끝없이 새어나갔다
그 구멍을 메우느라 어머니는 머리털이 다 빠지고
장남은 한쪽 어깨가 기울었다
차라리 깨버리는 게 낫다고 생각했다

6개월 말기 암 판정을 받은 비스듬한 항아리
더 빨리 깨지기를
그 항아리에는 무엇도 담고 싶지 않았다

영정사진을 보며
처음으로 아버지께 진심을 전했다

그래도 감사합니다
안녕히 아버지가 가주셔서

어머니는 안녕하지 않았다

그날부터 아프기 시작했고 이유도 없이 말라갔다

찰거머리 같은 인연
어둑한 방에 불을 켰다 다시 숙제를 해야 할 것 같다

꼭꼭 숨어라 안부

얼마나 버틸 수 있을까

철쭉도 웃자란 것들은 잘려 나가는 판국에
철쭉도 아닌 것이 삐죽 고개 내밀고 있다

풀밭이라도 뽑혀 나가기 십상인데
겁도 없이 피었다

무식하면 용감하단 말, 모르는 게 약이라는 말이
꽃 질 때까지만이라도 제발

나도 한때 저리 목을 치켜세우다가
싹둑 잘렸던 때가 있다
붉은 옷을 입고 붉어졌다가
큰 소리로 웃고 싶어 웃다가

살아남는 게 더 중요하다는 것을
피박만 면해도 괜찮은 삶이란 것을
함부로 구겨진 날갯죽지를 갈비뼈 속에 묻은 채
〈

꺾여본 사람은 안다, 바람이 불면 안으로 밀어 넣을 것들이 있다

살아남을 수 있을까
하루아침이 다르게
키를 키우는 꽃대를 이고

꼭꼭 숨어라 머리카락 보일라

ㅇ에 대하여

하필 왜 ㅇ이?
ㅇ이 떨어져 버려 내 삶은 좀 더 팍팍해졌어

생활 속 윤활유 역할을 하고 있었던 ㅇ

ㅇ이 들어간 말들은 더 부드럽고 둥글고 앙증맞은
것 같아

감사합니당 미안합니당 사랑합니당
말끝마다 ㅇ을 붙인 코맹맹이 소리도 봐줄 만하고

네모난 차를 굴리는 ㅇ
네모난 신호등의 눈동자도 ㅇ이지
물론 내가 기도할 때 입술 모양도

생활이 이만큼 굴러가는 것도 ㅇ 때문이란 생각이
들어

이런 생각을 하자마자
자판에서 ㅇ이 덜컥, 달아나 버렸어

다른 글자도 아니고 하필이면

내가 인식하지 못하는 것들은
나를 건어찰 수 없단 거야

마치 7년 애인이 내가 돌아보자 떠나버렸듯

사랑은 시소가 한쪽으로 기울어야 가능한 것
누군가는 짝사랑만 사랑이라고 하더군

자판을 빠져나간 ㅇ
그 커다래진 몸을 시소 한편에 놓아 본다

그런 이야기들이 있다

시동생이 죽자 배 속에 아이가 왔다

49재 지난 토요일 오후
내 배 속에 아이가 왔다
결혼식 날 잡는다고 집으로 오던
내 배 속에 아이가 왔다
아가씨 데리고 10분 뒤에 도착한다고 하던
내 배 속에 아이가 왔다

아이는 꿈속에 나타나
무슨 말을 할 듯하다가 시동생 방으로 들어갔다
열지도 않은 문이 닫혔다

닫힌 문으로 햇빛이 쏟아져
꽃밭이 넘치고 넝쿨 장미들이 문을 에워쌌다

막내가 다시 오는 갑다
시부모님께서 손을 덥석 잡고 당긴다
저승의 몸을 끌어올리듯
〈

말이 안 되는 소리일수록
믿고 싶어진다 그런 상황에는
모두 그러려니 상황 속으로 들어간다

남편도 비슷한 생각을 한 것 같다

시동생이 다시 태어나려나 보다고
내가 배를 내어줘서 집에 돌아오나보다 한다

낮도깨비처럼 살던 시부모
말라버린 곶감 같은 얼굴이 젖어들었다

다음 해 환한 봄은 늦둥이였다

몸주머니

주머니에 들어가
가능하면 매일매일
숨겨진 안부를 묻고 싶다

주머니가 많은 옷을 입으면
어둠 속에 웅크린 것들이 마중을 나와서
그것만으로도 충분히 따뜻했다

아무도 없는 빈집에 달을 들여놓고
눈물을 삼키면서
밤새 뒤척이는 걸 들키지 않았다
배고프지 않았다

나를 온통 그곳에 밀어 넣고
한동안 묵혀 두기도 했다
가끔씩 살아있는지 만지작거리기도 했다
맨들맨들해진 나를 꺼내
후후 불어 멀리 보내기도 했다

주머니가 많다는 말과

주머니가 없다는 말이
똑같이 구석을 차지하고 있다

주머니를 뒤집어 햇빛에 말리면
바싹 마른 온기를 모을 수 있다

# 4부

오늘은 아무도 나를
주워가지 않았으면 좋겠다

코이의 법칙

어떤 물고기는 어항의 크기만큼 자란다

손바닥만 한 어항을 들여다본다
왜 무늬 안에서만 헤엄을 치는 걸까

수족관에서는 한 뼘
강물에선 어른 다리만큼 성장한다는데
종류가 다르다고 생각했을 뿐

벗어날 수 없다면
살아야 하는 곳에 몸을 맞추는 생존의 법칙

물고기가 마음껏 무늬 밖을 떠다니도록
바위 옆에 수초도 심고 자갈도 넣었다

주변이 키우는 몸과
마음을 키우는 한 뼘의 끄덕임

음악을 들려주자 바위 사이로
16분음표가 드나들더니 파도가 치기 시작했다

첫 번째 펭귄도 무섭다고 그리오[*]

누가 등 떠민 것일까

보이지 않는 바닥은
커다랗고 검은 아가리

익숙해서 무서운지도 모르고
머뭇거리다가
더는 들키지 않으려고 발을 담그면

공포로 다가오는
뭐가 기다리고 있을지도 몰라
마지막이 될지도 모르는 저, 바다

매번 뒷걸음질 치다 뛰어들고 만다

누군가 일으킨 물보라는 신호가 되고
일제히 뛰어내리는 단호한 느낌표들

수평선이 자세를 바꿀 때마다
세월의 맨 앞자리에 앉아 나는

늘 첫 번째 펭귄이 된다

반대 의견 없습니까?
손을 번쩍 든다, 저요!

손을 들 때마다
바다는 산산조각이 난다
붉은빛을 삼키고 바다는 잠잠해진다

저 깊은 곳에서 북소리가 들려온다
저요, 저요, 저요
바다에서부터 시작된 메아리가
가슴에서 울리고 있다

* 이상 「오감도」 변용.

그녀의 각이 늘어난다

그녀는 점차 네모난 표정으로 진화했다
날카로운 그녀의 혀가
날 선 이빨로
검게 탄 사각의 토스트를 먹고 있다

생각이 달라지면서 얼굴선도 변해갔다
바람도 걸리는 각진 턱으로
세월이 그녀를 조각하고 있다

네모난 얼굴에는 네모난 표정이 어울리지
유리창을 갈아 끼우듯 표정을 바꾼다

오월 청보리밭을 춤추게 하던 목소리
물음표와 감탄사로 이어가던 대화에
그런데 그러나 그래서 그러니까
각을 가진 이물감이 끼어들었다

전에는 유리창 너머 풍경이
그녀 얼굴로 고스란히 스며들곤 했다
얼굴만 봐도 밖의 날씨를 짐작할 수 있었다

〈
지금은 벽이 되어버린 유리창
햇빛도 통과하지 못하는 장식창

쌍둥이냐는 소리를 듣다가
어떻게 친구가 될 수 있나요?

우리는 어디서부터 어디까지 공유한 걸까

부드러운 징후

캐시미어 목티를 입었다
부드러움이 서서히 목을 감싼다

내 목을 쥐고 있는 따뜻함
부드러움으로 포장된 섬뜩한 위험

비밀스런 손가락이 가슴을
확
움켜잡았을 때
절대로 비명을 지르지 말아야 했다는 거

어깨까지 위험신호가 왔을 때
더 이상 숨을 쉴 수 없을 때
담배 가게 불빛이 보이는 데까지
달렸다는 거

캐시미어 목티를 입을 때마다
가시에 찔린 상처가 생각났다

겨울만 되면 목이 스멀거렸다

부드러워지거나 추위가 밀려들면
나는 털갈이를 했다 몸살을 앓았다

5분 전으로 접속

똑같은 행동 패턴을 갖고 있다면
머릿속에 사각형 방이 있다는 말

사진을 들여다보다가 깜짝 놀라고 말았다
어떻게 표정이 똑같은 것인가
10년 전에도 3년 전에도 지금도

날마다 거울을 볼 때는 몰랐는데
사진을 들여다볼수록 내가 심각해졌다

눈동자를 오른쪽 위로 치뜨면 과거의 사람과 접속한다는데
두 시 방향의 허공이 나를 응시하고 있다

옆모습을 좋아하는 사람은
눈을 똑바로 보지 않고 문제를 회피하려는 성향

나는 다양한 표정을 가진 사람이라고 생각했는데
사진 속 얼굴은 액자에 갇힌 듯 굳어 있다
〈

경직의 두께만큼 각이 진 얼굴

오늘은 표정을 갈아 끼우기로 한다
각을 조금 깎아 내고
두 시 방향의 허공을 5분 전으로 맞춘다
방금 나는
다시 태어났다 잠시 동안

달변가 Y

그녀는 같은 말만 되풀이하고 있다
처음도 없고 끝도 없이

어디서부터 시작된 오류일까
실 한쪽을 풀고 나면 더 엉켜버리는 사람

계속 말을 하는데 나는 들은 말이 없다
그래서 그녀를 모른다고 했다

내 옆을 스쳐 갔는지
내 속을 지나갔는지
알 수 없어서
괴롭지도 않았다고 했다

온몸이 실타래로 똘똘 뭉쳐 있어
여기서 잡아당기면 저기가 툭,

끊어지는 소리가 오히려 낭랑했다

뭐가 문제인가요?

나도 잘 모르겠어요

실타래로 뒤엉킨 채 살아가는 사람

그 많은 말들을 가슴으로 품고 있었다는 것
작은 입이 문제인 것 같아
가슴에 단춧구멍을 만들어 준다

풀려날 수가 없다
누가 나를 좀
저기 먼 아무 데로나 훔쳐 가세요

식물이 되어가는 과정

언젠가부터 엄마는
동물에서 식물이 되어가는 중이다

손가락 발가락 사이를 닦아 주고
가끔씩 물을 주면
파릇파릇 싹이 돋아나는 엄마
볕이 드는 구석에서
하얀 나비난으로 몸을 바꾸는 중이다

점점 수면시간이 길어지고
너무 오래 주무신다 싶어 살짝 건드리면
눈 뚜껑을 열어 암술 같은 속눈썹을 끔벅거린다

괜찮아, 나 아직 안 죽었어

이젠 물도 입으로 잘 못 마시는 엄마
풀잎에 고인 이슬처럼 피부로 숨을 쉬는지
물수건으로 닦아주면 금방 뽀송해져

힘들게 살아온 하얀 꽃

손가락 발가락을 물에 담그면
미세한 향기가 혈관을 타고 올라갔다

엄마가 키우던 베란다 식물을 안으로 들여놓던 날
볕이 많이 드는 방에 엄마 꽃 하나 들여놓았다

삭과를 떨구고 하얀 나비난으로 날아오른 엄마

빨강머리 앤과 삐삐의 동거

빨강머리 앤을 샀는데 삐삐가 따라왔다
나는 앤이라고 주장하지만
나의 나는 삐삐라고 말했다

앤은 벤치에 앉아 누군가를 기다리지만
(하염없이가 딱 어울리는 정물)
삐삐는 다리를 꼰 자세로 턱을 괴고 있다
(시비를 걸면 용수철처럼 튕겨 나갈 자세로)

앤은 치마를 펼쳐 유성우가 떨어지길 기다리지만
삐삐는 스티커별을 만들어 천장에 달고 있다
페르세우스 쌍둥이자리 사분의자리

나는 앤처럼 살고 싶지만
삐삐의 기질을 감출 수가 없다

왜 순종이 미덕인 거야?
두 손을 모으고 공손한 자세를 취하다가도
스프링 눈동자가 튀어나와 주위를 두리번거린다
〈

앤처럼 옷을 입으면 뭐 하니?
삐삐가 발자국 위에 발자국을 찍으며 돌아다니는데,

오늘은 앤과 삐삐가 한 판 붙었다
일방적으로 앤이 맞는 분위기였다
나는 삐삐의 손을 번쩍 들어 주었다

삐삐의 존재를 인정해 주자
앤도 안쪽 호주머니에 깃들어 살기 시작했다

중첩된 이야기

 어둠이 무서워서 눈을 감았고 보이지 않는 팔뚝을 갖게 되었지 왕의 임종을 지키는 시종을 남녀 각각 다섯으로 제한하라고 한 대목에서 기어이 분통을 터뜨렸지 너는 도리질을 한다 아냐, 내세의 생을 믿고 웃으며 걸어 들어갔을 거야, 죽어서도 살아낼 생이 저 어둠 속에 있다고 믿었기에 부리던 종과 물건들을 그대로 같이 묻어준 것, 비비뱃종 비비뱃종 무덤에서 노랫소리가 들리고 귀를 기울이면 도란도란 이야기 소리가 들리는 듯, 믿음이 저들을 구원했을까 무덤이 저리 밝은 것은 아직 살아있다는 믿음에 켜놓은 불빛 때문인지도 몰라, 너는 뭐라 뭐라 연신 떠들어댔지만,

 나는 어머니를 떠올렸지 무덤을 한군데로 모아라, 유언하신 아버님, 먼저 간 형제들과 밤새도록 부어라 마셔라 놀고 싶다던 소원을 위해 차린 오첩반상, 흩어져 있던 무덤을 한데 모았지 산모롱이에 찔레꽃이 피면 술내가 산마루에 진동하고 수시로 어머닌 여기서 사라져 그날의 거기에서 발견되고, 절레절레 고개를 흔들며 웃던 모습으로

나만의 리듬

 자세가 엉망이에요, 공의 속도에 맞춘다는 것은 즐긴다는 것, 게임을 하는 건 무리예요, 한계에 부딪혀 정식으로 수업을 받는다 몸에 밴 습관을 고치는 게 탁구라는 것을 배운다

 몸과 함께! 팔만 나가지 말고! 계속 두 발을 움직여, 끊임없이 움직여! 탁구는 리듬이고 춤이에요 탁구를 배운다 손과 발이 미운 일곱 살을 산다 기본은 같아요 마음을 몸으로 보내요, 리듬! 퀵 퀵! 시작이 가장 중요하다고요!

 기본이 안 된 사람, 내 인생 자체가 요행이었을까 뭐든 정석으로 하는 게 없다 영어도 문법은 무시하고, 결혼도 아이부터 낳았다 사서四書를 건너뛴 채 주역부터 공부했다 탁, 잘 넘기던 공도 정석으로 치면 네트에 걸렸다 턱, 강력한 스매싱 한 방이 늘 빗나간다

낙서하는 사람

뽑기방의 상품처럼 들어 올려졌다
나는 지그재그로
휑한 거리를 걸었다

걸을 때마다 보도블록이
삐거덕거렸다

미처 귀가하지 못한
웃음들이 수다들이
구름에 가려졌던 하늘이
하루를 다 합친 침묵들이
길바닥에 널브러져 있다

아무도 주워가지 않는
10원짜리 동전이
홀연 반짝였다

잠시 올려졌다가 툭, 떨어지고 마는

오늘은 아무도 나를

주워가지 않았으면 좋겠다고 생각했다

다시 엔젤트럼펫을 불자

땅바닥만 보고 걸었다 그로부터

들리지 않는 곳의 지령을 받고
보이지 않는 유령을 클릭 클릭

단 한 번의 손짓으로
꿈의 잔액이 사라졌다
이삿짐을 내릴 집이 사라졌다
빛이 드는 곳에 놓아둘 식탁이 사라졌다

목을 떨구고 핀 엔젤트럼펫

지렁이들은 어디서 나오는 걸까
밖으로 나오면 죽는데 왜 자꾸 나오는 걸까
탄력 없는 고무줄처럼 늘어진 사체들
내 앞에 와서 죽어간 내 몸에서 나온 지렁이들

언제까지 피해 다닐 수 있을까

그 일이 있고 나서 모든 것을 아날로그로 바꾸었다

신용카드를 없애고 휴대폰 앱을 지우고
은행의 문턱을 꾹꾹 밟는 역행

보이지 않는 것들
들리지 않는 것들이 무서웠다

나는 느리게 사는 방향으로 엎질러졌다

손바닥 낙관

횡단보도 앞에서
봄은 급브레이크를 밟았어요

눈빛이 쏟아지는 순간
봄이 왼쪽 가슴에 손을 쓱 넣어보고 달아났어요

손자국이 남은 왼쪽 가슴이 저릿해요
찰나일 뿐인 기억이 낙관을 찍은 거죠
횡단보도 빨간 불이
느낌표 같은 노란 선이 나를 꼼짝하지 못하게 했어요

놀란 왼쪽 가슴이 자라지 않아요
새알을 훔쳐 달아난 나쁜 손 때문에

봄날이 되면 왼쪽 가슴으로만 불어오는 바람
버튼을 누르고 달아나죠

똑똑 누구십니까
봄이 올 때마다 노크 소리를 듣습니다
〈

그날 이후 이중 바리케이드를 치는 습관이 생겼어요
누구라도 다가오면 두 팔을 꽈배기 모양으로 만들어요

왼쪽 가슴 위 선명한 손자국에 갇혀
여전히 자라지 않는 것들이 있어요

춤

죽음이 춤에 가닿는 것을 보는 일

투명한 유리 뚜껑 속의
아다지오 안단테, 낙지가 온몸을 비틀며 춤을 춘다
프레스토 프레스티시모 필사적이다
냄비 밖의 공중을 낚아채려 뚜껑을 밀치다가
멈춘다

낙지가 끌어안은, 잔인해서 덜컥 아름다워지는 세상도 있구나
 살기 위한 몸부림이 춤으로 펼쳐지는 조리대 위의 무대
 외면하면 존재하지 않는 세계로 사라질
 낯선 죽음을 만난다

이제껏 나는 비겁한 춤을 추고 있었던가
목숨 거는 절박함도 과정도 없이
결과만 누리는 비겁함으로

 이 죄가 사라질 때까지

절정에 든 춤이 내게 옮겨붙어 죄로 타오를 수 있게

사방으로 하얗게 김을 내뿜는 춤을
곁눈질로 훔쳐보고 있다

공터 정원사

이사 온 아파트에서
환한 곳에 숨어 있던 공터를 만났다

벌거벗은 지렁이에게 나뭇잎 한 장 덮어주는 기분으로
자주 공터를 찾았다

아파트, 환한 황무지 같은 곳
공터가 있어 정을 붙일 수 있었다

아무렇게나 뒹굴어도 좋은 돌멩이들이
지난 홍수에 떠밀려온 나무가 제멋대로 쌓인 곳

원시적인 풍경에 숨어
아무도 아닌 공터의 주민으로
날마다 그림자를 앉혀놓고 있을 때가 많았다

마음속 풍경이 밖으로
아무것도 아닌 것들로 삐져나와 나를 위로한다
〈

공터는 아파트 가격이 오를 때마다
단풍나무 한 그루를 프리미엄으로 받는다
보잘것없음으로 채워져 환한
민들레 개망초 달맞이꽃 아카시아 자귀나무 오동나무

쳐다보는 일만으로도 나는 공터의 정원사가 되었다

∞ 해 설

비움과 충만 : 고백을 통한 존재의 재구성

박동억(문학평론가)

1. 마음이라는 구속구

시인이란 누구인가. 그의 진정한 목소리는 무엇인가. 순진한 고백만으로 시는 완성되지 않는다. 자신을 깊이 들여다본 자는 안다. 마음은 자기만의 소유가 아니며 가족과 타인과 세상이 함께 길들인 것, 그래서 '나'를 고백하려 할 때 도리어 혀끝을 제약하는 구속구처럼 다가온다는 사실을 말이다. 마음을 다할 때 시는 탄생하지만, 최후에 시를 완성하기 위해 넘어서야 할 것 또한 마음이다. 성찰은 자유를 향한 첫걸음이다. 진정한 마음은 백지처럼 순수한 것이고, 순수한 고백은 백지에 쓰이는 것이 아니라 백지 자체이다. 그러나 어떤 시가 백지로 완성될 수 있는가. 누가 자신의 마음으로부터 벗어날 수 있단 말인가. 그리하여 마음을 다하는 고백과 마음으로부터 자유로워지려는 절박 사이에서, 어느 쪽도 완수하지 못한 흔적을 시라고 불러야만

할 것 같다.

  백지 위에 자신의 마음을 기록하는 동안 시인은 어디에 위치하는가. 마음의 중심인가, 마음의 바깥인가, 아니면 그저 헤맴인가. 정선희 시인의 시를 읽으며 나는 그의 시가 가장 정확한 자리에서 헤매고 있다고 표현해본다. 그의 시는 서정적 원리, 즉 세계를 주관화하여 표현하는 수사학적 원칙을 따르지만, 동시에 그의 시는 서정적 배반, 즉 자신의 마음을 극복할 수 없다는 한계 인식에 기초한다. 이를테면 첫 시집 『푸른 빛이 걸어왔다』(달샘, 2015)에서 "외로움이 지독한 몸살로 찾아오는 봄날, 몽골에서 온 황사를 따라 가고 싶다"(「샤르틴 다와」)라고 쓰듯, 정선희 시인은 '떠났다'라고 말해보며 상상에 도취하거나 '떠날 것이다'라고 말하는 각오의 자세를 취하기보다 다만 '가고 싶다'라고, 더 정확히 말해 홀로 가는 것이 아니라 '따라 가고 싶다'라고 고백한다. 떠난다는 행위의 본질은 근본적으로 홀로 서기 위한 것이다. 그렇기에 '따라 가고 싶다'라는 표현 자체는 징후인데, 그것은 오롯이 자신의 힘으로는 '지금-여기'를 벗어날 수 없다는 사실을 드러내기 때문이다.

  세 번째로 간행하는 이번 시집 『엄마 난 잘 울어 그래서 잘 웃어』(상상인, 2024) 또한 비슷한 서정적 구조를 반복한다. 서시 「새를 바라보는 서쪽의 시간」은 "새가, 나를 닮은 새가/바람과 일렁이며 구름 따라 간다"라는 하나의 정경을 그린다. 이 시의 핵심은 햇빛에 감싸인 새가 얼마나 아름답게 느껴지는지도 아니고, 배경인 캄차카와 아무르가 자아내는 이국적 느낌도 아니다. 분명히 새는 '지금-이곳'을 벗어나 이국적 정경으로 날아가는 자유의 실존이다. 그런데 시인은 어디에 있는가. 그는 어디에서 이 새를 바라보는가. 차분히 첫 행부터 읽어나갈 때 독자는 '시인-새'가 하나인 채 날아가는 모습을 떠올릴 것이다. 하지만 "새는 끝내 유리창을 이해하지 못하고 떠날 것이다"라는 문장을 덧붙일 때, 문득 시적 화자가 '새'와 별개임을 깨닫는다. 그리고 시의 마지막 연에서 "새들의 이동 경로를 이해할 순 없지만" "죽음을 벗어난 세계로 이어지기를 바라본다"라고 말할 때, 화자가 '새'를 이해할 수 없고 그저 바랄 뿐인 위치에 있음을 깨닫는다. 다시 말해 정선희 시인의 시는 시적인 정조가 아니라 시적인 정조를 응시하는 위치에서 성립하는 셈이다.

"상처를 꾹 누른 것처럼 머릿속이 하얘진 채 우리는 아무도 모르는 열정을 살았으니까 내가 여기를 떠나야 태양이 질 텐데, 그래야 칸나가 뜨거워질 텐데"(「칸나는 칸나 걱정」)라는 시구처럼, 상처를 견디며 여기를 살아낼 뿐 태양처럼 뜨거운 열정을 향해 자신을 내던지지 않는 사람이 있다. 무엇이 그를 주저하게 하는 것일까. 어떠한 힘이 시인을 열정에 투신하는 대신 "이착륙을 반복하고"(「모형, 있으나 없고 없으므로 있는」) 있도록 만드는 것일까. 이는 시인을 사로잡는 마음의 기원에 대한 물음이자 시인이 "비겁한 본능"(「모두의 날씨」)이라고 부르는 대상에 대한 물음인데, 그의 시집을 읽어나가면 가장 강력한 마음의 구속구가 무엇인지 쉽게 대답할 수 있다. 그것은 가족이고 사랑이다. 정선희 시인은 아픈 가족사를 고백하고 그 상처를 치유할 사랑을 찾아 헤맨다.

    한 마리 새가 날아와 앉았다 파르르 손끝이 떨렸다

    손 한번 잡아준 적 없다고 울먹였다 너는 할 만큼 했어 옆에 있어 드렸잖니 엄마한테 듣고 싶은 말을 누군가 대신 해주었다

    엄마는 누구의 엄마였나요 왜 나는 기억하지 않았나요 돈은 아들들한테 다 물어다 주고 병든 몸을 이끌고 찾아든 새, 어딜 보느라 엄마는 나를 볼 수 없었나요

    나는 늘 맴돌았다 엄마의 포근한 소용돌이에 한 번이라도 젖어 들어 휘감기고 싶었다

    괜히 나를 낳았다고 했다 실수도 어쩌다가도 아니고

정말 싫었던 괜히라는 말 어느 날 괜히 버려질 것 같은
아이 어느 날이 언제인지 몰라 괜히만 키웠던 눈치의 날들

엄마가 죽기 전에 꼭 물어봐야 한다
왜 나를 주워 온 아이 취급했나요

나를 버린 엄마와 나를 주워 온 아이처럼 키운 엄마
울고 울도록 버리고 버려둔 엄마

엄마 일어나 눈을 떠 장난하지 말고, 한바탕 싸우기라
도 해야 속이 시원할 것 같은데
손이 차가웠다 나를 떠밀던 온기는 어디 갔을까

새처럼 떨고 있는데, 괜찮아
괜찮아, 한 마디가 날아오른다
- 「바리데기, 여전히 바리데기」 전문

 딸이 아니라 아들을 아꼈던 어머니, '나'를 주워 온 아이처럼 버려둔 어머니, 원망을 쏟아내기 전에 세상을 떠나간 어머니, 그러나 그 어머니의 손을 놓지 못하기 때문에 '나'는 아프다. "나를 떠밀던 온기"라는 역설적 표현처럼 이 작품이 형상화하는 것은 이율배반적인 감정, 즉 원

망과 사랑이다. 어머니의 손을 떠올리는 것은 상반된 감정을 동시에 환기하는데, 이는 어머니의 손이 자신을 외면했던 냉담한 손길인 동시에 자신을 보듬어주기를 바랐던 포근한 온기를 동시에 떠올리게 함을 뜻한다. 핵심은 이 모든 감정을 털어놓듯 고백한다는 것, 그렇기에 이 시의 말미에 "괜찮아"라는 한 마디처럼 후련해지기를 바란다는 것이다.

떨쳐낼 수 없는 어머니에 대한 원망과 그리움은 여러 작품에서 반복한다. 이혼 가정에서 자란 이에게 '엄마'는 함부로 발음할 수 없는 단어였고, 그래서 "엄마라는 시큼한 금기어"(「눈치 없이 핀 꽃」)는 쉽게 뱉어낼 수도 함부로 삼킬 수도 없는 대상처럼 느껴진다. 또 다른 작품 「한 알의 눈물이 넘쳐」에서도 어머니를 떠올리는 순간 "어릴 적 못다 운 울음"은 치밀어 오르는데, 그것은 어머니가 어린 '나'에게 새긴 상처 때문이다. 시인은 "사진 속 엄마는 왜 그날의 나를 지나쳐 갔는지" 되묻는다. 그리고 그가 "서럽게 우는 대신 기울여 비워낸다"라는 아픈 문장으로 시를 마무리할 때 상상해야 할 것은 기울어져가는 몸이다. 그 기울어져가는 자세는 곧 마음을 비우기 위해서는 쓰러지기 직전까지 자신을 몰아붙여야 한다는 믿음의 표현이다.

2. 부푼 달항아리처럼

 벗어날 수 없는 것은 어머니에 대한 양가감정이다. 한편 이 시집에는 만약 어머니와의 마지막 시간을 지극하게 보냈다면 이 무거운 마음을 떨쳐낼 수 있었을지도 모른다는 회한도 맴돌고 있다. 표제시 「엄마 난 잘 울어 그래서 잘 웃어」는 어머니가 돌아가시기 직전까지의 가족사를 그린 작품이다. 이 시의 주된 정조는 죄의식인데, 이는 시인이 항암치료를 받지 않기를 바랐던 어머니의 바람을 외면하고 "아들바라기 한 엄마니까 오빠가 모시는 게 당연해. 그게 엄마가 받을 벌이야."라고 생각했기 때문이다. 이와 달리 어머니를 용서하는 선택을 할 수도 있었을 것이다. 그래서 시인은 또 다른 작품 「벚꽃 지듯 저문 달」에서 비슷한 상황인데 다른 선택을 한 여성을 그린다. "치매에 반신불수인 어머니를 모신다고 그녀가 말했을 때/꽃잎을 적시는 빗방울 소리가 들렸다"라는 시구는 '어머니를 모시는 그녀'를 바라보며 시인은 자신이 선택할 수 있었을지도 모르는 가능성을 떠올린다. '꽃잎을 적시는 빗방울 소리'라는 표현에는 어쩌면 자신 또한 어머니를 다정하게 모셨다면 꽃잎에 빗물이 스미듯 슬픔 또한 승화되었을지도 모른다는 기대가 드러난다.

어느 순간 발은 살짝 허공을 엿보았을 것이다 한쪽 발만 떼었다가 두 발을 다 떼어보았을 것이다 순간 쿵, 바닥으로 나뒹구는 몸 창피해서 아프지 않았다 두 번 세 번, 아프지도 않고 창피하지도 않게 될 때까지

이젠 아무 때나 나무가 된다 벽과 무관한 몸으로 머리는 뿌리가 되고 다리는 가지가 된다 시간도 거꾸로 서서 함께 간다 바람도 없는데 잔가지들이 미세하게 떨리는 봄이 몸에 들어왔다

— 「발과 벽」 부분

그런데 사람은 모든 가능성에 열린 존재일까. 사람은 얼마나 자기로부터 자유로울 수 있을까. 더욱이 자유롭게 마음을 놓아두는 시간보다 상처를 견디는 시간이 길었던 하나의 몸에게 가능성이라는 낱말은 얼마나 달콤하고 헛된 것일까. 그래서 "인간의 몸은 무한히 열려 있어요 몸을 생각 속에 가두지 말아요"(「발과 벽」)라는 말을 단번에 믿을 수는 없다. '무한'은 애초에 좌절을 예비하는 단어이고, 앞서 나아가는 자를 시기하도록 만드는 단어이기도 하다. 둔중하고 시린 몸과 마음, 그러나, 그렇기에 시는 탄생한다. 이룰 수 없기에 사람은 헛된 꿈을 꾼다. 정선희 시인 또한 시가 아무짝에도 쓸모없는 것(「프레드릭」)이라고 발음하면

서도 시인이기를 포기하지 못한다. "쓸데없는 일만 한다고 늘 핀잔을 들으며 살았다"(「쓸데없음의 쓸모」)라고 표현하면서도 그 '쓸데없음' 자체를 존재 형식으로 삼아보려 한다.

> 달항아리 옆에서 나도 부풀어 올랐다
>
> 비어 있어야
> 완성이 되는 그릇
>
> 매끈하지 않아서
> 마음 붙일 거칠거칠한 데가 있다
>
> 아직 부서지지 않은 내가
> 보름달 속에 있었다
> 금 간 부분조차 감쪽같아서
> 손끝으로 더듬지 않으면 모른다
>
> 들숨으로 공기를 가득 채운
> 둥근 것은 불안하지 않아
> 상처조차 동심원을 그리지
> ― 「하염없이」 부분

마감은 거칠고 금까지 갔더라도 제 자신을 말끔히 비운 달항아리는 시인이 염원하는 실존적 형상이다. 그것은 그 무엇이든 받아들일 수 있는 '보름달처럼' 충만한 여유이며, 지난 상처와 앞으로 견뎌야 할 불안을 조심스럽게 감싸는 치유의 방식이자, 약동하는 '들숨'으로 가슴을 부풀게 하는 활력의 상징이다. 깨진 그릇을 금가루로 이어 붙여서 예술 작품으로 재생하는 킨츠기金継ぎ처럼, 정선희 시인이 도달하고자 하는 것은 자기 트라우마를 극복하고 다시 삶을 넉넉하게 받아들이는 달항아리의 존재론이다.

한편 작품에서 두드러지는 것은 촉각적 심상이다. 이때 서술을 그대로 따른다면 달항아리는 '매끈하지 않고 거친' 것이지만 그렇기 때문에 상처를 쉽게 감출 수 있다. 여기서 달항아리는 재생의 상징이고, 그의 존재를 다시 바로 세우는 힘을 불어넣는 매개임을 유추할 수 있다. 따라서 현상적으로 볼 때 달항아리는 근본적으로 포옹에 가까운 것이고, 그렇다면 이 시에서 달항아리의 동심원이 상기하는 감각은 부드럽고 따스한 피부인 셈이다.

결국 시인이 바랐던 것은 상처를 잊게 해주는 단 한 순간의 포옹이었을 것이다. "하루 편한 날이 없는/엄마의 금 간 집 무늬를 다시 맞출 때면"(「손바닥 안의 미로」) 떠올랐을 단 하나의 장면도, 어린 시절의 마당에 서 있던 장대를 떠올리며 "빈둥대는 추억을 손잡아 끈다"(「장대가 있다」)

라고 쓸 때도, 그가 떠올렸던 것은 끌어안고-안기는 애틋한 관계였을 것이다. 이 사랑의 자세는 시 「사랑무덤」의 제목 그대로 사랑과 죽음이 포개어지는 하나의 이미지 속에서 가장 지극한 것이 된다. "지나간 사랑을 낙엽으로 덮으면/타올랐던 온도를 다독일 수 있으려나"라고 시인이 말할 때, 이별 혹은 죽음조차 넘어서는 포옹의 이미지는 연출된다.

> 아무도 없는 빈집에 달을 들여놓고
> 눈물을 삼키면서
> 밤새 뒤척이는 걸 들키지 않았다
> 배고프지 않았다
>
> 나를 온통 그곳에 밀어 넣고
> 한동안 묵혀 두기도 했다
> 가끔씩 살아있는지 만지작거리기도 했다
> 맨들맨들해진 나를 꺼내
> 후후 불어 멀리 보내기도 했다
>
> 주머니가 많다는 말과
> 주머니가 없다는 말이
> 똑같이 구석을 차지하고 있다

> 주머니를 뒤집어 햇빛에 말리면
>
> 바싹 마른 온기를 모을 수 있다
>
> ― 「몸주머니」 부분

「하염없이」의 '달항아리'와 「몸주머니」의 '주머니'는 근본적으로 동일한 상상력, 즉 자기 존재를 후련히 비우는 자세를 표현한다. 또한 똑같이 시인이 열망하는 포옹의 존재론을 잘 보여준다. 이 작품은 어느 밤 빈집에서 홀로 슬픔, 불면, 굶주림에 시달리는 '나'를 그린다. 시인은 자신이 왜소해졌다고 말하는 대신 그 모난 시간을 견디며 '맨들맨들' 해졌다고 쓴다. 더 나아가 더 오랜 시간 이후에는 먼지처럼 작아진 자신을 "후후 불어 멀리 보내기도 했다". 그것은 슬픔을 온몸으로 받아들인 이후에 비로소 자신을 텅 비우는 순간에 도달하는 과정을 표현하는 이미지이다. 중요한 것은 이 시가 여기에 그치지 않는다는 것이다. 시인은 주머니를 비운 이후에 그곳에 "바싹 마른 온기"를 모으기를 바란다. 그 온기는 시린 상처를 보듬기 위한 것이기도 하지만, 비로소 타인의 손을 받아들이고 감싸기 위한 것이기도 하다.

3.

 이 시집에 놀라운 각오는 없지만 순연한 고백은 두드러진다. 시인은 어린 시절의 아픔을 치유하기를 바란다. 또한 어머니와 동생을 일찍 데려간 이 세상을 덜 원망하기를 바란다(「기묘한 천장」). 덧붙여 이 시집에는 사기꾼에게 "피싱 사기"(「프레드릭」)를 당했던 일화도 제시되고, "밑 빠진 독"(「5분 전으로 접속」)처럼 가족들을 고생시키던 말기 암 환자 아버지의 일화도 제시된다. 이에 사회적 통찰이나 의식이 동반하는 것은 아니다. 대신 시인은 불운했던 과거와 화해한 이후에 들숨으로 부푸는 달항아리처럼, 혹은 당신의 손을 기다리는 따스한 주머니처럼 조금 더 세상을 밝은 얼굴로 맞이하기를 바란다.
 이따금 힘든 상황이 모진 마음을 먹게 만들었다. 중요한 것은 이 시집의 고백이 그 모진 마음을 반성하여 선해지려는 의지가 아니라 보다 자유로워지려는 의지에 기대어 성립한다는 점이다. 시인이 이루고자 하는 존재의 이미지는 깨끗한 몸이 아니라 "주변이 키우는 몸과/마음을 키우는 한 뼘의 끄덕임"(「코이의 법칙」), 즉 보다 넓고 유연한 몸이다. "굳어가는 것은 서서히 죽어가는 겁니다"(「요가 매트」)라는 목소리처럼 이 시집에서 희구되는 것은 부드럽게 자기 존재를 변화시키는 순간이다.

죽음이 춤에 가닿는 것을 보는 일

투명한 유리 뚜껑 속의
아다지오 안단테, 낙지가 온몸을 비틀며 춤을 춘다
프레스토 프레스티시모 필사적이다
냄비 밖의 공중을 낚아채려 뚜껑을 밀치다가
멈춘다

낙지가 끌어안은, 잔인해서 덜컥 아름다워지는 세상도
있구나
살기 위한 몸부림이 춤으로 펼쳐지는 조리대 위의 무대
외면하면 존재하지 않는 세계로 사라질
낯선 죽음을 만난다

이제껏 나는 비겁한 춤을 추고 있었던가
목숨 거는 절박함도 과정도 없이
결과만 누리는 비겁함으로

이 죄가 사라질 때까지
절정에 든 춤이 내게 옮겨붙어 죄로 타오를 수 있게

사방으로 하얗게 김을 내뿜는 춤을

곁눈질로 훔쳐보고 있다

- 「춤」 전문

　냄비 뚜껑을 밀치기 위해 온몸을 비트는 낙지를 바라보며 시인은 문득 하나의 깨달음을 얻는다. 아름다움은 결과가 아니라 과정이라는 것, 즉 목숨을 걸고 살아내야 하는 삶의 방식이라는 것이다. 「춤」에서 '죄'라는 표현은 아름답게 사는 것이 아니라 아름다움을 누리려 했던 자신에 대한 반성에서 비롯한다고 볼 수 있다. 진정 아름다움에 절박해 본 적 없는 자신이 후회스럽다. 그래서 이 시의 마지막에서 아름다움의 최대치는 분신焚身에 가까운 춤의 모티프로 표현된다.

　한편 이 시집에서 이러한 도취적 자세가 예외적이라는 바를 지적할 수 있다. 대부분의 시에서 반복하는 것은 단숨에 자기 욕망으로 향하지 않는 우회의 형식, 즉 머뭇거리거나 억누르는 침묵의 자세라고 할 수 있다. 대신 가족사에 대한 순연한 고백, 더 정확히 말해서 삶에 충실할 수 없게 만든 가족사에 대한 원망과 체념까지 동반하는 자기 고백이 그에 뒤따랐다. 그러나 그러한 아픈 목소리를 곧 이러한 아름다움의 의지와 포개어 읽을 수 있을지도 모른다. 어쩌면 정선희 시인은 이 시집을 통해 자신을 오롯이 비워보려는 것이 아닐까. 시라고 하는 하나의 불길에 마음의 밑바닥까지 장작처럼 내던져 비로소 예술적인 '춤'을 이루려 하는 것은 아닐까.

분명한 것은 고백이 끝난 뒤의 홀가분함과 불안일 것이다. "나는 애인과 애인의 여름을 버리러/악양 언덕을 오른다"(「여름으로 버린 애인」)라는 표현으로 시집 전체의 형식을 해명할 수 있을지도 모른다. 사랑했던 것을 버리기 위해서는 사랑이 위치한 곳으로, 즉 마음의 가장 황홀한 높이로 되돌아가야만 한다.

    땅바닥만 보고 걸었다 그로부터

    들리지 않는 곳의 지령을 받고
    보이지 않는 유령을 클릭 클릭

    단 한 번의 손짓으로
    꿈의 잔액이 사라졌다
    이삿짐을 내릴 집이 사라졌다
    빛이 드는 곳에 놓아둘 식탁이 사라졌다

    목을 떨구고 핀 엔젤트럼펫

    지렁이들은 어디서 나오는 걸까

밖으로 나오면 죽는데 왜 자꾸 나오는 걸까

탄력 없는 고무줄처럼 늘어진 사체들

내 앞에 와서 죽어간 내 몸에서 나온 지렁이들

언제까지 피해 다닐 수 있을까

그 일이 있고 나서 모든 것을 아날로그로 바꾸었다

신용카드를 없애고 휴대폰 앱을 지우고

은행의 문턱을 꾹꾹 밟는 역행

보이지 않는 것들

들리지 않는 것들이 무서웠다

나는 느리게 사는 방향으로 엎질러졌다

— 「다시 엔젤트럼펫을 불자」 전문

 마찬가지로 고통스러운 것을 버리기 위해서는 고통이 위치한 곳, 즉 마음의 가장 낮은 곳을 방문해야만 한다. "내 앞에 와서 죽어간 내 몸에서 나온 지렁이들"(「다시 엔젤트럼펫을 불자」)을 확인하려면 마음의 마지막 지층까지 파고들어야만 한다.

 언뜻 "누가 나를 좀/저기 아무 데로나 훔쳐 가세요"(「달변가 Y」)라는 목소리와 "오늘은 아무도 나를/주워가지 않았으면 좋겠다고 생각했다"(「낙서하는 사람」)라는 목소리는 상충하는 듯 보이며 내면의 불안을 표현하는 듯하다. 그런데 더 근본적인 것은 두 시구에서 똑같이 마음이 덩그러니 놓인 물건처럼 상상된다는 점이다. 그렇다면 이렇게 말해볼 수 있겠다. 정선희 시인의 상상 속에서 근본적으로 가장 낮은 곳에 놓인 것, 끝내 사물화되어야 하는 것은 '나'이다. 동시에 '나'를 비우고 다시금 획득하고자 하는 것 또한 바로 그렇게 '텅 비운 나'이다. 이 시집의 자전적 고백은 끝내 자기 존재를 불살라 하나의 예술적 자유에 이르기를 꿈꾸는 것, 죽음에 가까운 자기 증여의 형식인 셈이다.

상상인 시선 052

정선희 시집

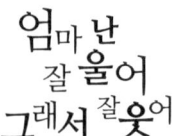

지은이 정선희

초판인쇄 2024년 10월 28일 **초판발행** 2024년 11월 1일
펴낸곳 도서출판 상상인 **편집주간** 황정산 **펴낸이** 진혜진
표지디자인 최혜원 **기획·마케팅** 전은빈 최유림 노혜림 정현수
책임교정 종이시계 **편집** 세종PNP
등록번호 제572-96-00959호 **등록일자** 2019년 6월 25일
주소 06621 서울시 서초구 서초대로74길 29, 904호
전화번호 02-747-1367, 010-7371-1871
팩스 02-747-1877 **전자우편** ssaangin@hanmail.net

ISBN 979-11-93093-72-6 (03810)

값 12,000원

• 이 책은 전부 또는 일부 내용을 재사용하려면 반드시 저작권자와 도서출판 상상인의 동의를 받아야 합니다.

• 이 도서의 국립중앙도서관 출판시도서목록(CIP)은 서지정보유통지원시스템 홈페이지(http://seoji.nl.go.kr)와 국가자료공동목록시스템(http://www.nl.go.kr/kolisnet)에서 이용하실 수 있습니다.